tú decides: con ellas o contigo las drogas

Director de la colección
Juan Tonda Mazón

Idea y coordinación editorial
Luci Cruz Wilson

Diseño de la colección
Carlos Gayou

Revisor técnico
Guillermina Natera

Corrector de estilo
Adriana López

SOMEDICYT
Martha Duhne Backhauss

Primera edición, 2012
Primera reimpresión, 2021

DR © 2012 ADN Editores, SA de CV
Estrella del Sur 150, Col. Rancho Tetela
62160 Cuernavaca, Morelos, MÉXICO
juantonda54@gmail.com   Tel. (52) 5554006326

ISBN: 978-607-7507-16-1

La primera edición se coeditó con el
Instituto de Ciencia y Técnología del DF y la Sociedad Mexicana
para la Divulgación de la Ciencia y la Técnica.

tú decides: con ellas o contigo
las drogas

TEXTOS:
GLORIA VALEK VALDÉS

ILUSTRACIONES:
JUAN JOSÉ COLSA

LAS DROGAS

En este libro te hablaremos de un tema de gran actualidad, interesante e importante: las drogas. Seguramente has oído hablar de ellas y quizá tengas alguna información sobre lo que ocasionan, pero hay tantas variedades que nunca sobra seguir informándonos. El objetivo es que vivas sin ellas y contigo.

Lo primero que debes saber es que si una persona es saludable no necesita consumir nada extra para sentirse bien. Sin embargo, a veces el entorno familiar o escolar y la falta de información conducen a las personas al consumo de sustancias que provocan adicciones y dañan su organismo.

La palabra "adicto" significa esclavitud en latín; volverse adicto a algo implica perder la libertad.

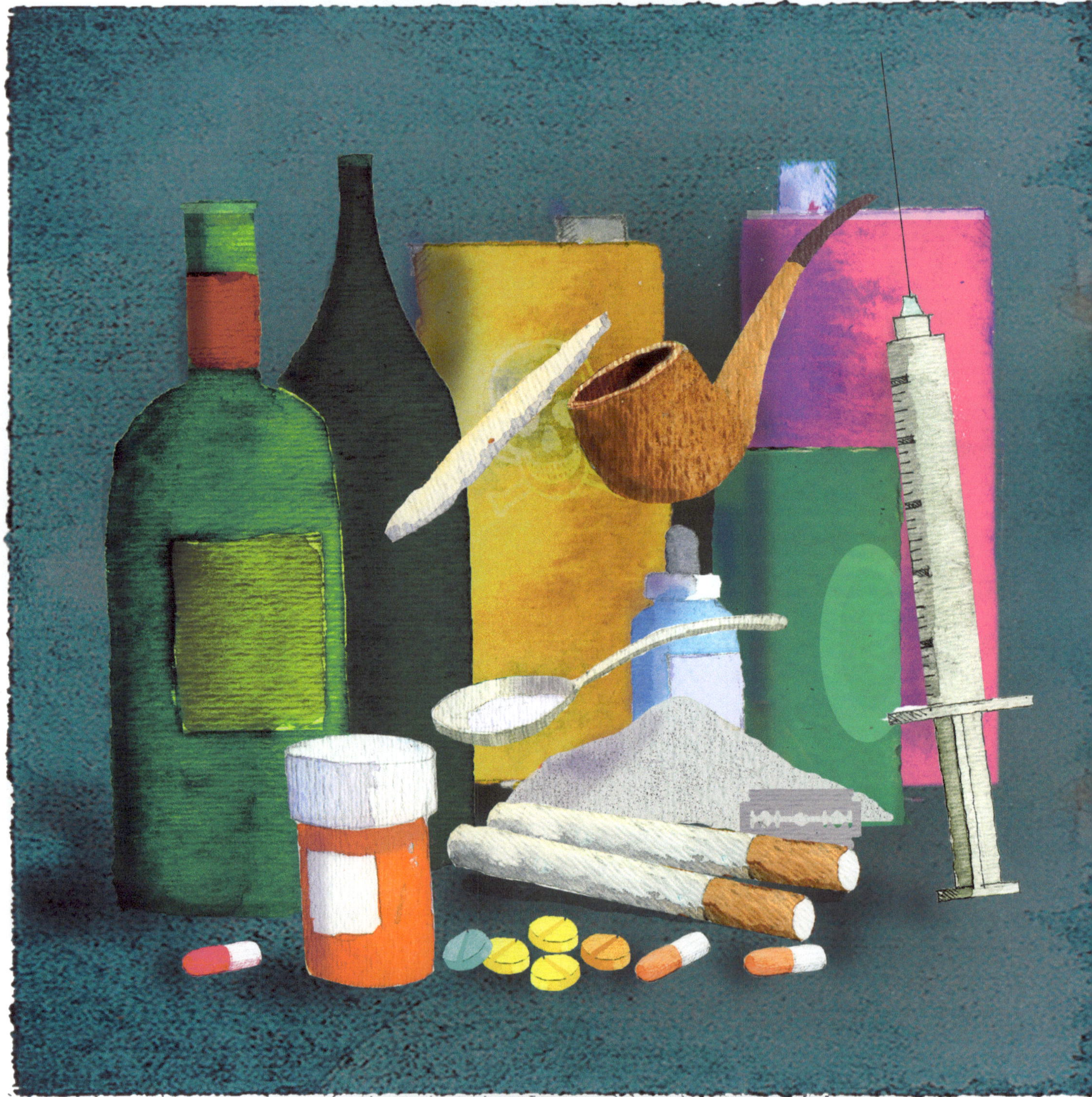

¿QUÉ ES UNA DROGA?

Para la Organización Mundial de la Salud, máxima institución sanitaria del planeta, una droga (o fármaco) es toda sustancia que, al introducirse en un organismo afecta su buen funcionamiento; contrario a aquellas sustancias que son necesarias para mantener la vida y la salud.

La variedad de drogas es enorme. Unas drogas —las que usan los médicos— son medicinas que bien administradas ayudan a curarnos y a aliviar malestares como el dolor. Otras, muchas de ellas ilegales, causan daños tan graves que pueden llevar a la muerte. A continuación hablaremos de algunas de ellas y del abuso de su consumo.

Al abuso de las drogas se le llama "drogadicción" o "farmacodependencia". Esto significa que las personas que las consumen dependen de ellas para funcionar, aunque éstas afecten su actividad cerebral, alteren su comportamiento, su percepción de las cosas y sus emociones.

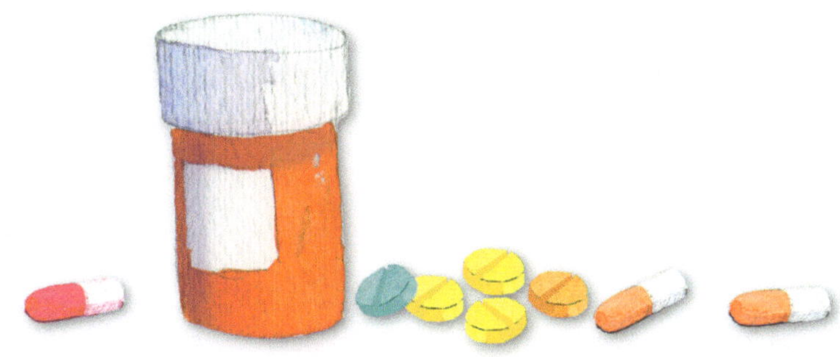

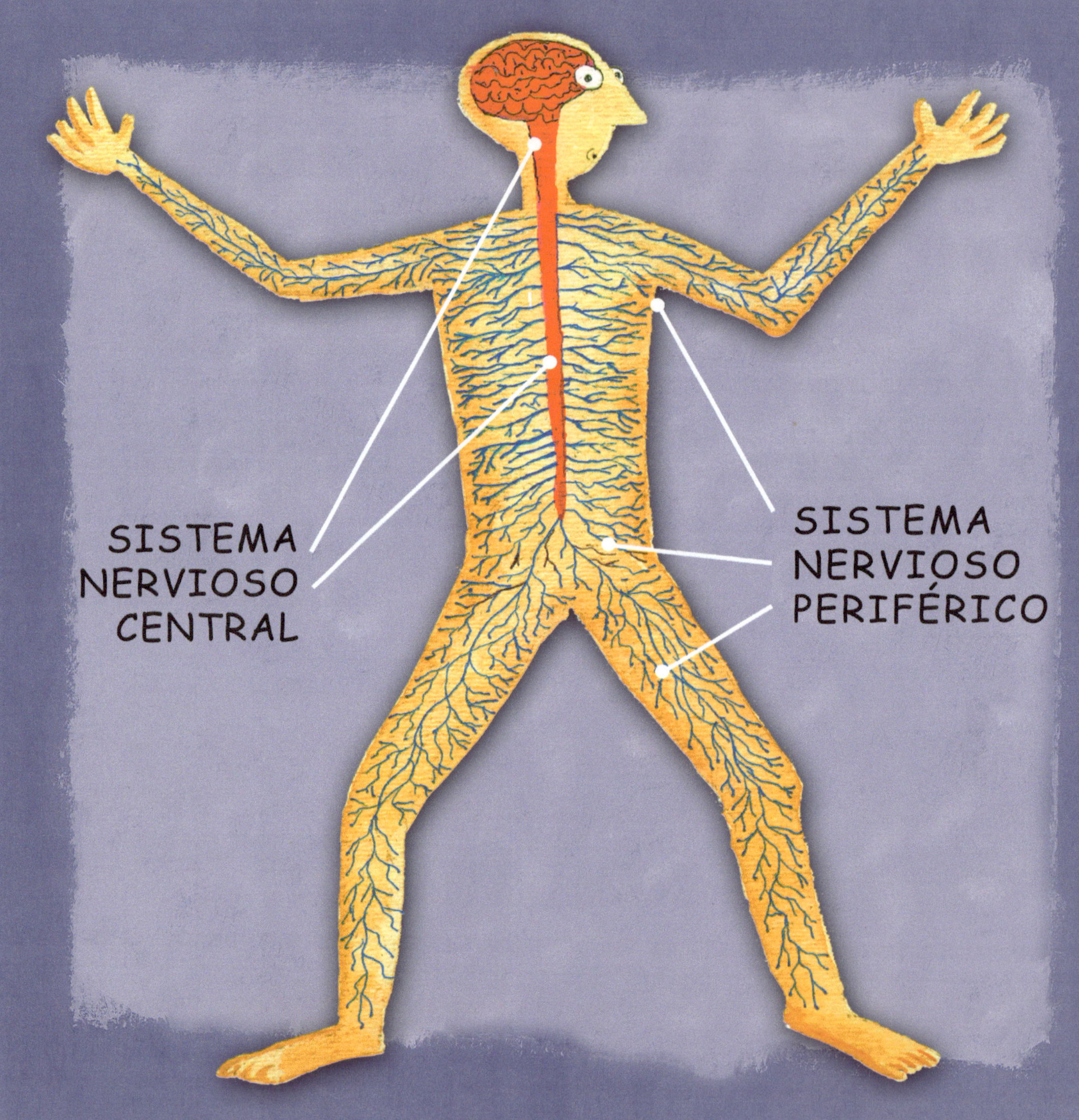

SISTEMA
NERVIOSO
CENTRAL

SISTEMA
NERVIOSO
PERIFÉRICO

¿POR QUÉ SE CONSUMEN DROGAS?

Las razones son muchas, algunas personas creen que al hacerlo olvidarán sus problemas, obtendrán placer y la pasarán mejor. Otras, porque piensan que las harán más populares o mejores; por simple curiosidad, porque creen que si las prueban una vez no pasará nada malo o porque ya se hicieron dependientes de ellas y no pueden dejarlas.

¿QUÉ HACEN LAS DROGAS?

Algunas drogas afectan el sistema nervioso central y cambian la forma de actuar de las personas, unas veces acelerándolas, otras deprimiéndolas y otras más, distorsionando la realidad y la manera en la que perciben los estímulos.

Nº	Droga	Potencial de adicción
1	Nicotina	100 / 100
2	Crack	97.66 / 100
3	Valium (Diazepam)	85.68 / 100
4	Alcohol	81.85 / 100
5	Heroína	81.80 / 100
6	Anfetamina vía Oral (Crank)	81.09 / 100
7	Cocaína	73.13 / 100
8	Cafeína	72.01 / 100
9	Mariguana	21.16 / 100
10	Éxtasis	20.14 / 100
11	Hongos alucinógenos	17.13 / 100
12	LSD	16.72 / 100
13	Mescalina	16.72 / 100

¿LAS DROGAS AFECTAN A TODOS POR IGUAL?

No. Sus efectos dependen del tipo de droga, la cantidad y la frecuencia con la que se ingieren, así como de las características particulares de cada persona. Pueden producir imágenes distorsionadas de la realidad (alucinaciones), intensificar o entorpecer los sentidos, o provocar sensaciones que van desde una alegría aparente (euforia) hasta la mayor desesperación y tristeza (depresión). El problema es que quien empieza a consumirlas se puede volver un consumidor frecuente y dependiente de ellas para vivir.

La dependencia producida por las drogas puede ser física, emocional o ambas: llega un momento en el que, para funcionar, el organismo las necesita y si se interrumpe su consumo se presentan fuertes malestares; a esto se le llama "síndrome de abstinencia". Tú decides, ¿con ellas o contigo?

Aunque todas las drogas afectan la salud unas son más dañinas que otras. Algunas, las llamadas "drogas duras", son muy adictivas y perjudiciales para el organismo y la mente; otras, las drogas blandas, aunque perjudiciales, no afectan tanto. Como ejemplo de drogas duras tenemos la cocaína, los opiáceos, el alcohol y las anfetaminas; por su parte, la mariguana y la cafeína del café son drogas blandas.

En la mayoría de los países las drogas también se clasifican según sus leyes. En general, las medicinas, el alcohol, el tabaco y estimulantes como el café son drogas legales. Otras, como la mariguana y la cocaína, son drogas ilegales; es decir, su consumo está prohibido y se castiga. Es importante que tengas en cuenta que, aunque algunas drogas sean permitidas, ocasionan serios daños a la salud.

EL CASO DE NICOLÁS

Nicolás comenzó a consumir mariguana a los 13 años; ahora tiene 18. La probó por la insistencia de un amigo de la secundaria y desde ese día no ha podido dejar de consumirla. Aunque la mariguana es una droga prohibida no es tan difícil conseguirla. Dice que la mariguana le ha dejado buenos momentos pero la verdad es que también le ha provocado serios problemas en la escuela y con su familia.

La mariguana es una droga que se obtiene de una planta llamada *Cannabis sativa*. Por lo general se fuma.

Nicolás no sabe que el ingrediente activo de esta droga es el THC (tetrahidrocanabinol) o aceite de mariguana; sin embargo, sí sabe de sus efectos, pues ha sufrido las consecuencias de su consumo frecuente: ojos rojos, corazón acelerado, problemas para respirar y molestias estomacales. Nicolás dice que medio cigarrillo de mariguana primero le provoca entusiasmo y luego sueño; un cigarrillo y medio aumenta su percepción de los colores, pero afecta su coordinación y su temperatura; además, le provoca molestia en los bronquios y hambre. Más cigarrillos de mariguana le hacen ver imágenes que no existen (alucinaciones), le provocan pánico (terror) y sentimientos de que alguien lo persigue (delirio de persecución); siempre tiene sueño, está sudoroso, pálido y olvida las lecciones y tareas escolares.

Y DESPUÉS, ¿QUÉ?

Es común que después de consumir mariguana, entre los jóvenes se consuman el hachis y el éxtasis. El hachis es una sustancia estimulante que se obtiene de la resina de la mariguana y que es más potente y peligrosa que aquella. El éxtasis, derivado de la MDMA, es otra sustancia estimulante, sintética, que pasa al hígado y después al cerebro, ocasionando euforia; acelera el pulso, provoca calor, vómito y deshidratación. Con el tiempo afecta la memoria y llega a ser mortal en personas asmáticas, epilépticas o en aquellas que no toman agua regularmente.

El éxtasis o "tacha" se procesa o se diseña en laboratorios clandestinos y es una de las drogas que más se consume en los antros.

LETICIA Y SUS SEDANTES

Leti se preocupaba por todo y se sentía triste con frecuencia. Alguien le recomendó unas drogas para tranquilizarse. Empezó a consumirlas en época de exámenes, a los 16 años; cuando se tomaba una pastilla se sentía mejor, pero sólo por un rato. Desde entonces no puede funcionar sin ellas; ahora está más triste que antes y ha querido morirse varias veces. Sus papás no saben cómo ayudarla. Ya no va a la escuela, ya no se preocupa por nada.

PEDRO Y EL ALCOHOL

Pedro se pasa los días enojado con todos y, aunque se niegue a reconocerlo, para funcionar necesita tomar alcohol todos los días. Pedro no sabe que el abuso del alcohol puede convertirse muy pronto en "alcoholismo", una enfermedad muy grave que no se cura nunca.

Debido a que el consumo de alcohol es legal, esta es una de las drogas más peligrosas, pues muchos niños y niñas crecen con adultos que lo consumen cotidianamente. El alcohol actúa primero como un estimulante y después hace que las personas se sientan adormecidas. Los bebedores hablan con lentitud, arrastran las palabras, parecen confundidos y pierden la memoria de eventos recientes. Si beben mucho en poco tiempo pueden intoxicarse.

¿Sabías que la mayoría de las muertes de jóvenes ocurren por agresiones y accidentes automovilísticos en los que uno de los involucrados estaba alcoholizado?

Las personas que beben mucho se vuelven dependientes del alcohol para sentirse bien; si no toman pueden sufrir temblores, vómito, ansiedad, tristeza, alucinaciones, fiebre y convulsiones, y volverse agresivas. ¿Has visto a alguna persona alcoholizada? Tú decides si quieres intentarlo.

SOLDADOS

Otra droga muy adictiva y peligrosa es el opio. Se usa en medicina para calmar el dolor intenso pero altera enormemente el funcionamiento mental, pues deprime al sistema nervioso. Comenzó a usarse para aliviar el dolor de los soldados en guerra, pero su empleo indebido se extendió a mediados del siglo pasado. Hoy, su uso está controlado y los gobiernos del mundo castigan su producción y consumo.

El opio, la heroína y otras sustancias, como la morfina, usadas para aliviar fuertes dolores, se obtienen de la flor de una planta llamada "amapola".

El opio es una sustancia que se inyecta, se fuma o se inhala; puede provocar euforia, sueño, vómito o calambres en el estómago. Su consumo frecuente ocasiona serios problemas respiratorios. Cuando entre adictos se comparten las jeringas puede haber contagio por agujas contaminadas con agentes que causan enfermedades mortales como la hepatitis y el VIH/sida.

ESTIMULANTES

Entre los estimulantes más comunes están la cocaína, las anfetaminas y la cafeína.

La cocaína es un polvo blanco cristalino parecido al azúcar que se fabrica a partir de las hojas secas de la planta de coca. Uno de sus derivados es el "crack", nombre que se debe al crujido que hace al calentarse. Sus efectos son muy dañinos: altera el sistema nervioso central y proporciona una sensación falsa de poder y energía; acelera la respiración, eleva la presión sanguínea y la temperatura, provoca alucinaciones, fiebre, escalofríos, náuseas, convulsiones y, en algunos casos, la muerte.

Estas drogas son sumamente adictivas. Incluso después de consumirlas una sola vez, resulta muy difícil dejarlas. Desafortunadamente, la cocaína, droga ilegal muy consumida en el mundo, es una de ellas.

ALUCINÓGENOS

Los alucinógenos afectan la percepción y se usan para experimentar sensaciones desconocidas; el LSD (dietilamida del ácido lisérgico), el peyote y los hongos son algunos de ellos. El LSD produce reacciones químicas en el cerebro: los sentidos se trastornan, se advierten cambios inexistentes en los colores y se pierden las nociones de tiempo y espacio. Se caracteriza por provocar pánico, pérdida del control y sensación de parálisis, entre otras cosas.

El peyote es un cactus que se consume en distintas formas. La intoxicación con peyote causa una sensación de alegría y después un sentimiento de calma en el que pueden presentarse alucinaciones, asco y cambios bruscos de temperatura.

Algunos hongos provocan alucinaciones tan fuertes que muchas personas no regresan a la realidad y mueren.

Hay, además, una gran variedad de alucinógenos sintéticos muy dañinos que, combinados con otras drogas, tienen efectos difíciles de predecir.

INHALABLES

Desde que recuerda, Emiliano vive en las calles de la Ciudad de México y su vida transcurre entre los puentes de la avenida Zaragoza. Emiliano, como muchos jóvenes, se droga inhalando sustancias tóxicas sumamente dañinas.

Los inhalables son diversos productos volátiles de uso casero, comercial e industrial como la gasolina y otros derivados del petróleo: pegamentos, pinturas, lacas, thinner, cemento, acetona, limpiadores y quitamanchas. Emiliano consume inhalables porque lo hacen sentir bien por un momento; sin embargo, no sabe que está dañando su cerebro y sus habilidades para razonar y memorizar. Estas drogas atacan órganos como el hígado y los riñones y pueden ser mortales.

En general, los principales consumidores de inhalables son niños y jóvenes que, como Emiliano, viven en las calles debido a problemas familiares, al maltrato y a la pobreza. No viven en lugares fijos y muchos forman pandillas. Para olvidarse de la realidad y del hambre consumen inhalables baratos que pronto resultan muy costosos por el daño que provocan, pues afectan su cerebro para siempre.

PARA MANTENERSE DESPIERTOS

Nacho es conductor de un camión foráneo y su trabajo consiste en manejar de día y de noche. Para mantenerse despierto consume anfetaminas frecuentemente.

Las anfetaminas son drogas que se usan en medicina para tratar la tristeza, contrarrestar los sedantes y el alcohol, quitar el hambre, controlar problemas de conducta en niños muy activos, y evitar el sueño. Nacho ha probado tanto cápsulas como ampolletas. Una dosis lo mantiene despierto, pero si su consumo se prolonga, se vuelve irritable. Su abuso le ha ocasionado temblores, sudoración, insomnio y falta de apetito.

¿Sabías que algunos atletas también consumen anfetaminas? ¿Has oído hablar del "dopaje"? El dopaje es la ingestión de drogas que mejoran artificialmente el rendimiento físico de un competidor: desde estimulantes hasta esteroides para hacerse más musculosos.

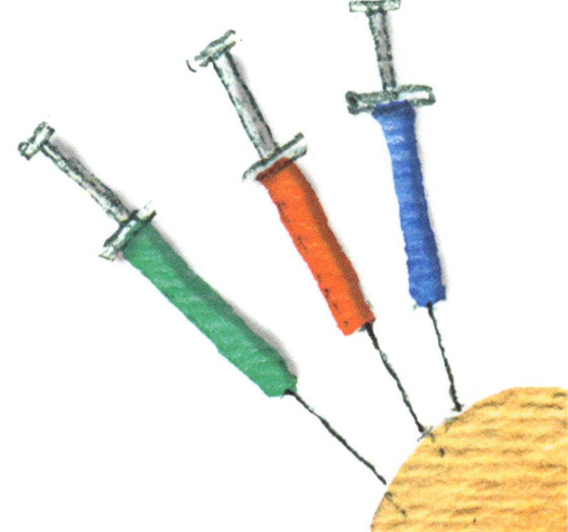

CAFE
CAFE
CAFE

DE LA VIDA COTIDIANA

La cafeína es un estimulante que, sin ser tan peligroso, provoca estados de alerta y actividad. El abuso del café puede causar ansiedad, irritabilidad, diarrea, latidos irregulares del corazón e incapacidad para concentrarse.

FUMADORES

El tabaco se obtiene de la planta *Nicotiana tabacum* y contiene una droga llamada "nicotina", que es la responsable de la adicción al cigarro. La nicotina es una droga importante, pues todos estamos en contacto con fumadores que liberan en el ambiente sustancias muy dañinas también para quienes no fuman. Además de la nicotina, en el humo del tabaco hay cientos de gases tóxicos y sustancias que pasan rápidamente a la sangre y pueden provocar cáncer y otras enfermedades. ¿Te has fijado que los fumadores tienen mal olor y la piel y los dientes amarillentos? Muchas personas empiezan a fumar tabaco sólo por curiosidad, por sentirse grandes e importantes. Mercedes es una de las millones de jóvenes adictas al tabaco que le han dado a México el triste primer lugar mundial en mujeres fumadoras.

Desafortunadamente, aunque no fumemos, con frecuencia podemos tener los mismos niveles de nicotina en el cuerpo que un fumador y convertirnos en fumadores pasivos. Por ello, las personas que viven con fumadores presentan irritación en los ojos y más enfermedades respiratorias como asma. Todos tenemos derecho a respirar un aire no contaminado por el humo del tabaco.

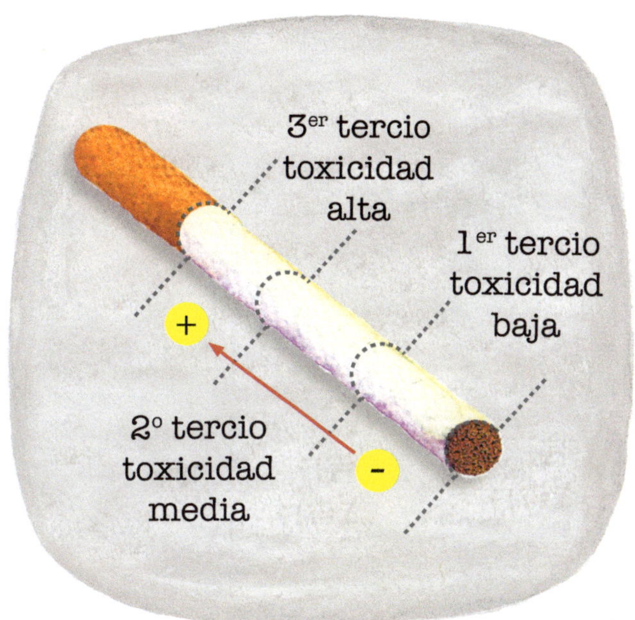

BAJO LA LEY

La drogadicción no sólo representa un problema de salud individual, también es un grave problema social que afecta a la familia, a la actividad laboral, a la comunidad, a la economía y a la estabilidad de todos los países. En México, el tráfico de drogas ilegales, o narcotráfico, ha crecido explosivamente y cada vez es más difícil identificarlo para enfrentarlo, pues abarca desde los grandes mercados internacionales hasta las escuelas.

Ahora ya tienes información sobre las drogas más consumidas en México. Si quieres saber más sobre ellas acércate a tu familia y a tu escuela. La decisión es muy fácil. Recuerda que las drogas no son un juego ni un pasatiempo; son algo muy serio que puede afectar tu vida para siempre. La decisión es sólo tuya. Vivir sin ellas en plenitud o con ellas en esclavitud.

tú decides:
con ellas o contigo
las drogas